ÉLOGE

DE

M. LE COMTE CHAPTAL.

ÉLOGE

DE

M. LE COMTE CHAPTAL,

PRONONCÉ

A LA SOCIÉTÉ DES SCIENCES PHYSIQUES, CHIMIQUES
ET ARTS INDUSTRIELS DE PARIS;

PAR

M. JULIA DE FONTENELLE,

SECRÉTAIRE PERPÉTUEL, ETC.

———————————

A PARIS,
CHEZ JUST-ROUVIER,
Rue de l'École-de-Médecine, 8.

1833

ELOGE

DE

M. LE COMTE CHAPTAL,

PRONONCÉ

A LA SOCIÉTÉ DES SCIENCES PHYSIQUES, CHIMIQUES,

ET ARTS INDUSTRIELS DE PARIS,

PAR M. JULIA-FONTENELLE,

SECRÉTAIRE PERPÉTUEL, ETC.

Un des hommes dont le nom se rattache à tant de genres d'illustration, M. le baron Cuvier, a dit que l'objet essentiel des sciences est de conduire l'esprit humain à la connaissance de la vérité, en répandant des idées saines, jusque dans la classe la moins élevée des peuples, et en soustrayant les hommes à l'empire des préjugés et des passions, pour faire de l'expérience et de la raison les arbitres et les guides suprêmes de l'opinion publique. Tel est le but que s'est constamment proposé M. le comte Chaptal : aussi, la meilleure manière de le louer sera de puiser dans ses ouvrages, pour montrer ce qu'il fit pour la science, tant par lui-même, qu'en prêtant un paternel appui à tout ce qui a contribué à l'illustrer.

Jean-Antoine Chaptal, comte de Chanteloup, naquit en 1756, à Nozaret, département de la Lozère. Après avoir terminé ses études au collége de Rhodez, il se rendit à Mont-

pellier, pour y étudier la médecine, sous les yeux d'un d
ses oncles, professeur de cette école. A peine eut-il revêt
le bonnet doctoral, qu'il se rendit à Paris, non pour s'y pe
fectionner dans ses études médicales, car alors l'universi
de médecine de Montpellier était bien autrement célèb
que celle de Paris, mais pour y cultiver une science de l
quelle il n'avait entrevu que les rudimens. La chim
eut pour le jeune Chaptal cet attrait si puissant qui la c
ractérise, parce qu'au lieu de se perdre dans le vague d
conjectures, elle donne non-seulement l'explication des ph
nomènes naturels, mais qu'elle produit encore des substa
ces et des phénomènes nouveaux, qu'elle en fait d'heure
ses applications à la médecine ou aux arts, et que ses *créatio*
deviennent souvent, à leur tour, la source de nouvelles d
couvertes. Nous ajouterons que le chimiste même compo
souvent des substances que la nature ne forma jamais,
qu'alors il semble partager avec l'Être-Suprême les me
veilles de la création.

Ce fut à l'école des hommes célèbres qui préparai
le grand œuvre de la chimie pneumatique, et la nomencl
ture chimique, que Chaptal puisa cette variété et cet
étendue de connaissances qui devaient féconder le midi
la France. Du titre modeste de leur élève, il passa rapi
ment à celui de leur émule, de leur ami. De retour à Mo
pellier, les États de Languedoc, toujours guidés par le dé
de contribuer à la prospérité de cette belle provin
créèrent une chaire de chimie qui, d'abord promise à l
Pourret (1), fut, malgré la protection du cardinal
Brienne, donnée à Chaptal. Ce chimiste ne tarda pas à j

---

(1) M. Pourret devint un habile botaniste. On lui doit plusie
mémoires intéressans, entre autres, la *Monographie des o*

tifier cet honorable choix. Doué d'une éloquence peu commune, d'une voix flexible et sonore, d'une mémoire prodigieuse, d'un langage d'action qui faisait deviner sa pensée, enfin de toutes les qualités physiques qui exercent une si grande influence sur l'auditeur, M. Chaptal riche des faits qu'il avait recueillis dans la capitale, et des communications qui s'étaient établies entre lui et les Lavoisier, les Berthollet, les Monge, les Laplace, les Fourcroy, etc. M. Chaptal, dis-je, fit naître dans l'âme de ses élèves ce goût pour la chimie et cet enthousiasme dont il était pénétré. Il professa à Montpellier une science, pour ainsi dire, toute nouvelle. Il s'attacha surtout à présenter les vérités qui, bien démontrées, composent, par leur ensemble, le tronc de la science, et à les distinguer de ces expériences mal conçues, et de ce luxe d'hypothèses qui, fussent-elles, comme celle de Stahl, sur le phlogistique, une brillante erreur, n'en retombent pas moins comme elle dans l'oubli, et contemplant les découvertes importantes qui venaient de s'opérer dans la chimie,

---

Devenu secrétaire intime du cardinal Loménie de Brienne, qui fut ministre sous Louis XVI, Pourret, pour se soustraire à la hache révolutionnaire, passa en Espagne où, à la recommandation d'Ortéga, il obtint la direction du jardin des plantes de Madrid. À peine sa nomination fut-elle connue, que les rivalités indigènes s'ameutèrent contre lui. Pour faire cesser les clameurs, on nomma un médecin qui ne connaissait pas une plante, directeur en chef, et Pourret directeur honoraire. Fatigué des persécutions que lui faisait éprouver l'abbé Cavanillas, il quitta Madrid pour se rendre à Orenze où il venait d'obtenir la place de chanoine du chapitre. Il passa de là au canonicat de Saint-Jacques de Compostelle, ce qui est en Espagne une grande et lucrative dignité. Ce botaniste a laissé à sa mort plusieurs manuscrits, dont la plupart ont été recueillis par moi et confiés à notre honorable collègue, M. Ach. Richard, professeur à la Faculté de médecine de Paris.

et l'influence que cette science était appelée à exercer su
presque toutes les conceptions humaines. M. Chaptal, dar
ses cours, la comparait à une immense colonne, s'élevar
au milieu des siècles, sur une base impérissable de faits bie
observés, au milieu des ruines éparses des hypothèse
Bien loin cependant de voir dans la chimie moderne to
l'ensemble de cette science, il se plaisait à revendiquer
tribut de gloire qui était dû aux anciens. Jouissons, disai
il, des triomphes de nos devanciers; soyons-leur recor
naissans de nous avoir ouvert la carrière où nous somm
entrés; que leurs erreurs mêmes servent non-seulemeni
notre instruction, mais à nous tenir en garde contre tout
qui porte les fausses apparences du vrai. Le temps et le gén
peuvent seuls épurer le mélange des vérités et des erreu
car les progrès des lumières sont toujours le fruit tar
d'une expérience lente et pénible. Les conseils de M. Chapt
devinrent si intéressans, qu'ils furent suivis avec le plus
empressement par les professeurs mêmes de l'école de m
decine, dont il ne tarda pas à devenir le collègue. C'ét
avec une religieuse attention qu'on vit ce jeune professe
dérouler à leurs yeux les annales de la science, et s'arrê
à ces siècles de barbarie, où le chimiste osait à peine avou
le travail qui, en secret, faisait ses délices. Alors, le titre
chimiste était presque un opprobre (1) et le préjugé

(1) Le Pape Jean XXII, docteur en médecine de l'école
Montpellier, partisan zélé de la doctrine des Arabes, et auteur
plusieurs ouvrages de médecine, entre autres du *Trésor des Pauv*
ordonna que les alchimistes seraient emprisonnés et regardés com
infâmes, et que les prêtres qui s'y livreraient, seraient privés de le
bénéfices. Sans doute que ce Pape confondait les alchimistes avec
souffleurs.

confondait les alchimistes et les souffleurs (1), a retardé de plusieurs siècles la renaissance des arts auxquels la chimie sert de base. C'est ce qu'a fort bien senti Bacon, quand il a dit qu'il était sorti des fourneaux des chimistes une nouvelle philosophie qui a confondu tous les raisonnemens de l'ancienne.

M. Chaptal avait compris de bonne heure que la chimie ne serait qu'un vain objet de curiosité, si elle n'offrait des applications utiles aux besoins ou à la conservation de la vie; aussi, ses cours offraient sans cesse des applications aux arts, à l'agriculture, à la médecine, etc. S'adressait-il au manufacturier, il lui montrait les rapports qu'ont tous les arts avec la chimie, qui en éclaire les principes, réforme les abus, simplifie les moyens, et hâte leurs progrès. C'est en vain que l'on parle dans les fabriques *du caprice des opérations :* c'est à l'ignorance des ouvriers des vrais principes de leur art, qu'on doit les attribuer. *Connaissez mieux, leur disait-il, vos matières premières; étudiez les principes de votre art, et vous pourrez tout prédire, tout calculer. C'est votre seule ignorance qui fait de vos opérations un tâtonnement continuel et une décourageante alternative de succès et de revers.* En vain la routine et les préjugés lui criaient : *expérience passe science.* M. Chaptal avait coutume de réfuter cet antique

---

(1) C'est à tort que l'on a confondu les souffleurs avec les alchimistes : toute la science des premiers consistait à faire des dupes par le faux appât de la transmutation des métaux, etc. Les autres, guidés par l'amour de la science, lui ont rendu de véritables services. Les vues profondes se trouvent dans leurs écrits à côté des idées les plus extravagantes, les vérités les plus sublimes y sont dégradées par les applications les plus ridicules. Ce contraste de superstition et de philosophie, de lumières et d'obscurités, nous force de les admirer et de les plaindre en même temps.

adage en comparant l'ouvrier ignorant à l'aveugle qui, connaissant bien un chemin, le parcourt avec l'assurance d'un homme clairvoyant, sans être cependant en état d'éviter les obstacles fortuits, d'abréger ni de simplifier sa route. Il est en effet bien démontré que le manufacturier et l'artiste ne retireront de la chimie tout le secours qu'on est en droit d'en attendre, que lorsque les progrès de la civilisation et des lumières auront fini de rompre cette antique barrière que la méfiance, l'amour-propre et les préjugés ont élevée entre eux et la chimie.

Parlait-il au médecin, il lui démontrait que l'abus qu'on a fait dans le dix-huitième siècle, des applications peu rationnelles de la chimie à la médecine, a fait méconnaître les rapports naturels et intimes de cette science avec l'art de guérir. Pour en bien diriger les applications au corps humain, il faut réunir à des connaissances étendues et positives sur l'économie animale, des connaissances profondes en chimie; il faut subordonner les résultats des laboratoires aux observations physiologiques; il faut éclairer les uns par les autres, et ne reconnaître d'autre vérité que celle qui n'est contredite par aucun de ce double moyen de conviction.

Tournait-il ses regards vers la pharmacie, il faisait connaître cette sorte d'analogie qui l'unit si intimement à la chimie, qu'on les a long-temps regardées comme une même science. Il est vrai de dire que cette dernière n'a été long-temps cultivée que par les pharmaciens, et que c'est de leur laboratoire que sont sorties le plus grand nombre de découvertes du dix-neuvième siècle. Aussi, de nos jours, la classe des pharmaciens est, en général, si instruite, qu'on doit être peu surpris de la célébrité qui est attachée aux noms de ceux qui ont élevé si haut la pharmacie française.

Enfin, l'agriculteur trouvait dans ses leçons un précis de tous les secours que la chimie peut prêter à la culture. Pour les rendre encore plus profitables, il publia son *Cours de chimie* en 1 vol. in-8°. Cet ouvrage prit un tel développement, qu'en 1790, il parut en 3 vol. in-8°, sous le titre d'*Élémens de chimie*, et eut quatre éditions. Il précéda de deux ans le *Traité élémentaire de chimie* de Lavoisier, et fut ainsi le premier livre qui parla le langage de la nouvelle nomenclature chimique. Aussi fut-il bientôt traduit dans toutes les langues et répandu dans toute l'Europe savante; il devint, pour ainsi dire, le bréviaire du chimiste. Il faut en convenir, cet ouvrage, outre son importance, offrait ce vif intérêt, cette magie de style, cette richesse de faits et d'observations qui préviennent, attachent et subjuguent. Comme dans presque tous ses autres écrits, la profondeur du raisonnement s'allie à ce que l'imagination la plus brillante a d'agrément; le feu sacré du génie semble vivifier toutes ses pages. Joignant l'exemple au précepte, M. Chaptal forma divers établissemens chimiques, entre autres celui de son collègue et ami, M. Bérard, qui est un des plus beaux de l'Europe. Enfin, la célébrité de M. Chaptal devint telle, que Washington le sollicita jusqu'à trois fois de venir éclairer du flambeau de la chimie les arts naissans du Nouveau-Monde. Presque à la même époque, le roi d'Espagne lui fit offrir 36,000 francs de pension et un premier don de 200,000 francs, s'il voulait se fixer dans ses États. Enfin, en 1793, lorsque les talens, les vertus et les richesses étaient un titre de proscription, la reine de Naples lui fit proposer un asile à sa cour. Chaptal fut sourd à tous ces avantages; il ne vit que la prospérité et la

gloire de sa patrie. Bien loin de céder à la crainte, il se ren
dit sur le théâtre des dangers même, à Paris, où le gouver
nement lui intima bientôt l'ordre de diriger les ateliers qu
allaient se former. Ainsi que M. Dupin l'a dit fort élo
quemment (1), il mit sa tête et son génie aux ordres de
décemvirs ; car, à cette terrible époque, le soupçon attendai
la réussite et la mort l'insuccès. Tout ce que la France avai
de savans illustres, et plus particulièrement, MM. Bertholle
et Monge, partagèrent avec lui le travail de ces ateliers
Laissons parler M. Dupin : Par les efforts de Chaptal, en peu
de mois, cette France qui ne fabriquait de la poudre qu'ave
des matières d'emprunt et par des moyens aussi lents qu'im
parfaits, eut fabriqué trente-cinq millions de poudre ou d
salpêtre, c'est-à-dire assez pour lancer à l'ennemi, sous form
de projectiles, autant de fer que la France en produisai
alors dans une année. Voilà un des miracles de la chimi
pour la liberté, le salut et l'immortalité de la patrie. Quan
l'aurore du bonheur commença à luire sur la France, Chap
tal fut envoyé à Montpellier, pour y réorganiser cette écol
de médecine qui fut toute sa vie l'objet de ses affections , e
qui, à son tour, le regardait comme son ange tutélaire
Bientôt après, à la voix de Monge, l'école polytechnique
cette pépinière de grands hommes, ayant été créée, Chapta

---

(1) Trois membres de l'Académie royale des Sciences, MM. Charle
Dupin , Thénard et Benjamin Delessert , ont prononcé de
discours sur la tombe de M. Chaptal ; le portrait qu'en a trac
M. Thénard nous fait regretter la brièveté de son discours. M. Dupin
a déroulé la vie entière de cet honorable chimiste, et présenté la longue
série des services qu'il a rendus à la science comme professeur, ma
nufacturier, ministre, etc. L'écrit de M. Dupin offre ce charme d
style et cette profondeur de connaissances qu'on admirait dans le
discours de M. Cuvier.

vint y professer la chimie avec les Berthollet, les Fourcroy, les Guyton de Morveau et les Vauquelin. On vit alors courir aux cours des deux plus éloquens chimistes du siècle, Chaptal et Fourcroy, tout ce que Paris comptait de célébrités dans les sciences, les arts et les lettres. La chimie devint la science à la mode, et une des bases essentielles de toute éducation libérale. L'activité de Chaptal ne se borna pas à l'enseignement; il peupla les environs de Paris de manufactures.

Lorsque Bonaparte eut renversé le Directoire, et que, sur ses débris, il eut fondé sa puissance, il ne crut pouvoir mieux la consolider et la faire aimer qu'en entourant la France d'une auréole de gloire et de science. Il s'empressa donc de faire un appel aux plus grandes illustrations scientifiques, dont il enrichit le sénat et le conseil d'état: témoin du mérite de Chaptal, il lui confia l'instruction nationale. Ce fut une heureuse idée; nul homme n'était en effet plus propre que lui à régénérer l'instruction: aussi, dit son éloquent panégyriste, M. le baron Dupin, il proposa l'un des plans les plus sages pour améliorer et compléter le système des écoles, depuis l'enseignement primaire, jusqu'à l'enseignement spécial aux professions les plus élevées. Plusieurs de ces établissemens furent fondés; quelques-uns le furent par lui même; pour les autres, il eut au moins l'honneur de la conception première. C'est à lui que la classe ouvrière doit sa législation paternelle, législation dont les bienfaits sont démontrés par trente ans d'existence : cette loi, qui leur donne des droits et des garanties, a fait d'eux des citoyens. C'est en vain qu'au sein de l'Académie royale des sciences, un de ses subordonnés a revendiqué après sa mort cette faible portion de son héritage scientifique. L'Académie accueillit avec une sorte d'enthousiasme la juste réfutation de M. Dupin.

Nous passerons sous silence les nombreux travaux de M. Chaptal au conseil-d'état, qui ne l'empêchèrent point de publier son curieux ouvrage sur le *Perfectionnement des arts chimiques en France*. L'homme qui se connaissait si bien en talent, le récompensa de tant de zèle et de tant de scientifique activité, en l'appelant au ministère de l'intérieur. Ici une nouvelle carrière s'ouvre devant nous : son élévation fut en même temps un triomphe et un bienfait pour la science. Aussi, au milieu du torrent d'affaires qui semblait devoir l'entraîner, il n'oublia jamais ce qu'il lui devait; il fit mieux, il se servit de sa brillante position pour protéger, éclairer et propager les arts mécaniques, chimiques, agricoles et industriels. Au lieu de s'attacher à torturer la conscience politique des préfets, c'étaient des documens scientifiques sur les arts agricoles et industriels, sur les productions territoriales et pratiques de leur département qu'il en exigeait, afin de le faire servir à la composition de son ouvrage sur l'*Industrie française*, et de sa *Chimie appliquée aux arts*, dont il jetait alors les premiers fondemens. Dans ce poste éminent, les services qu'il rendit à la France sont immenses; ils suffiraient seuls à l'illustration de plusieurs ministères. C'est à lui que doivent être attribués ces perfectionnemens des arts mécaniques, qui ont rendu l'industrie française rivale de celle de l'Angleterre, sous plus d'un point et même supérieure sous beaucoup d'autres. Dépouillant tout orgueil national, il fit venir à grands frais les plus habiles artistes anglais, pour propager en France leurs procédés, leur perfectionnement, et ces mécaniques nouvelles auxquelles sont dus, en si grande partie, ces mêmes perfectionnemens. Il proposa aussi, au nom du Gouvernement, des prix sur ces sujets, et établit au Conservatoire des arts et métiers, un enseignement spécial, pour faire connaître et propager ces heureuses innovations. Son œil vigilant se portait sans cesse sur les fabriques des environs de Paris qu'il encourageait par sa présence, sa protection et ses conseils. Voulant étendre les bienfaits de l'industrie dans toute la France, il créa à Compiègne cette école spéciale d'arts et métiers qui, depuis, a été fixée à Châlons. C'est aussi pendant son ministère que furent classées les belles collections des arts et métiers du Conservatoire, pour être livrées à l'étude des industriels. Enfin, il fut l'un des principaux fondateurs de la Société d'encouragement pour l'industrie nationale qui l'a élu, trente ans de suite, son président. Nous ne suivrons point M. Chaptal dans tout ce qu'il a fait pour les voies publiques de la France et les canaux, pour l'achèvement du Louvre, les embellissemens de Paris, et nous nous arrêterons avec plaisir sur cette belle pensée, qu'il fit adopter à Napoléon, la commission d'Égypte qui compta dans son sein tant de célébrités et dont les travaux sont un des plus beaux monumens élevés au génie français. Comme médecin, Chaptal s'occupait en même temps de l'amélioration de ces asiles de la douleur, où l'humanité souffrante court implorer des secours. Sous son ministère, l'Hôtel-Dieu a reçu de grandes améliorations dans le logement, le coucher et la diététique des malades; on lui doit aussi la réorganisation des facultés de médecine et l'organisation des écoles de pharmacie, ainsi que l'institution des élèves sages-femmes à l'hospice de la Maternité, les concours et les prix qu'on y décerne, enfin l'institution du conseil-général gratuit des hospices de Paris.

Après avoir si puissamment secondé, pendant quatre ans, le grand homme qui l'avait deviné, le comte Chaptal donna sa démission. Napoléon récompensa son ministre en le nommant sénateur et grand-croix de la Légion-d'Honneur. Dans ce corps, sa voix éloquente s'éleva plus d'une fois en faveur des libertés publiques : il fut souvent, auprès de l'empereur, l'interprète des vœux du sénat. Pénétré d'une honorable mais non servile reconnaissance pour ce prince, Chaptal ne salua pas toutes les royautés : il resta fidèle au grand homme dans ses jours de gloire comme dans ses revers. Pendant les Cent-jours, il fut nommé ministre d'état, directeur du commerce et des manufactures. Peu de temps après, rentré dans la vie privée, il reprit ses études favorites, et principalement ses travaux sur l'œnologie, la fabrication du pastel et celle du sucre de betteraves. Il consacra à cette dernière la plus grande partie de sa fortune, surtout à sa fabrique de Chanteloup, où il cultivait très en grand ce *saccharifique* végétal. Avec le résidu de cette fabrication, il engraissait un grand nombre d'animaux, parmi lesquels on comptait douze cents mérinos à laine superfine. Les améliorations agricoles qu'il fit subir à ce beau domaine furent tels, que son revenu net qui était de 14,000 francs, s'éleva à 60,000 francs. Tout entier à ces utiles travaux, M. Chaptal faisait des vœux pour ne pas en sortir. Mais les gouvernemens ont toujours besoin des hommes de génie ; au milieu des besoins ou des dangers, ils les invoquent comme des dieux ; quand le besoin cesse, ils sont oubliés comme eux. M. Chaptal fut donc appelé à la pairie en 1819. Pendant quatorze ans qu'il y a siégé, il s'est montré constamment l'éloquent défenseur de nos libertés et le soutien du commerce et des arts agricoles et industriels, en faveur desquels il fit plusieurs rapports marqués au coin de la prospérité publique. On aura peine à croire qu'au sein de tant d'occupations administratives, cet honorable chimiste ait pu cultiver sa science favorite. Cet étonnement sera plus grand encore, lorsqu'on verra qu'indépendamment de plus de quatre-vingts mémoires qu'il a publiés sur les arts chimiques, on lui doit les ouvrages suivans :

Elémens de chimie, 3 vol. in-8. 4 édit.

Traité sur le salpétre, 1 vol. in-8. 1796.

Essai sur le perfectionnement des arts chimiques en France. 1 vol. in-8. 1800.

Art de faire et gouverner les vins, l'eau-de-vie, vinaigre, etc. 2 vol. in-8. 2 édit. 1801 et 1811.

Essai sur le blanchiment, 1 vol. in-8. 1801.

Chimie appliquée aux arts. 4 vol. in-8. 2 édit. 1803 et 1807.

Art de la teinture du coton rouge. in-8. 1807.

Art du teinturier-dégraisseur. 1 vol. in-8. 1800.

De l'industrie française. 2 vol. in-8. 1819.

Mémoire sur le sucre de betteraves. 3 édit. 1819.

Chimie appliquée à l'agriculture. 2 vol. in-8. 2 édit. 1823 et 1829.

Ce dernier ouvrage fut le résumé des travaux de sa vie sur les progrès de l'agronomie. Homme d'état, professeur ou écrivain, il avait toujours considéré l'agriculture comme étant, chez toutes les nations, la source la plus pure de la prospérité publique. Sans elle, en effet, les hommes vivraient errans sur le globe, se disputant la dépouille des animaux et quelques fruits sauvages; sans elle, on ne connaîtrait ni société, ni patrie. Pour élever l'art agricole au rang des sciences, il ne reste plus aujourd'hui qu'à éclairer l'agriculteur par la connaissance et l'application des sciences physiques; car tous les phénomènes que présente cet art sont des effets naturels des lois qui régissent les corps; toutes les opérations que l'agronome exécute ne font que modifier ou développer l'action de ces lois. C'est donc à les connaître, à constater leurs effets et à varier leur action qu'est appliqué cet ouvrage.

M. le comte Chaptal a été pair de France, ministre de l'intérieur, ministre d'état et directeur du commerce, des arts et des manufactures; directeur de l'instruction nationale, grand-officier de la Légion-d'Honneur, chevalier de l'ordre de Saint-Michel, professeur de chimie aux écoles de médecine de Montpellier et Polytechnique; membre de l'Académie royale des sciences; de la Société royale de Londres, etc. Nous ne croyons pouvoir mieux terminer cet éloge que par les deux passages suivans, extraits des discours de MM. Thénard et Dupin.

Ses premiers pas, dit le premier de ces deux académiciens, étaient déjà des succès: manufacturier, il enrichissait la France de procédés éminemment utiles; négociant, il imposait les produits de notre sol aux nations étrangères; professeur, il était cité comme un modèle d'éloquence. Il était doué d'une âme aimante, d'un caractère doux et facile; modéré dans ses goûts comme dans ses opinions; plein de bienveillance pour tout le monde, d'affectueux égards pour ses confrères, de dévouement pour ses amis; heureux d'accorder lorsqu'il était au pouvoir, et doublant le bienfait en accordant avec grâce; malheureux d'être obligé de refuser, et toujours adoucissant le refus par des paroles qui peignaient la bonté de son cœur.

Après avoir acquis, ajoute M. Dupin, tous les genres de gloire que puissent ambitionner le savant et le citoyen,

après avoir compté, sur soixante-seize ans, soixante ans em-
ployés pour servir et honorer son pays, M. le comte Chaptal se vit frappé dans sa fortune, qu'il abandonna en entier
pour aider aux engagemens d'honneur de l'héritier de son
nom; ce qui ne lui coûta pas une plainte. Après avoir
éprouvé ce coup du sort, appesanti sur le bien-être de sa
postérité, seule douleur qui pût l'atteindre, M. Chaptal
mourut le 3o juillet, dans la paix et la force du juste, lais-
sant pour auréole à sa mémoire, des services dont la France
gardera l'immortel souvenir.   JULIA-FONTENELLE.

Imprimerie de FÉLIX LOCQUIN, rue Notre-Dame-des-Victoires, n° 16.